S0-ARL-713

El buen tiempo

El buen tiempo

Las claves para gestionar el tiempo y alcanzar la verdadera felicidad

Ricardo Cortines

VERGARA

Papel certificado por el Forest Stewardship Council®

Primera edición: octubre de 2019

Printed in Spain – Impreso en España

ISBN: 978-84-17664-52-7
Depósito legal: B-17.457-2019

Compuesto en Infillibres, S. L.

Impreso en Black Print CPI Ibérica
Sant Andreu de la Barca (Barcelona)

VE 6 4 5 2 7

Penguin
Random House
Grupo Editorial

Índice

SEGUNDA PARTE

Consejos para aprovechar el tiempo

Introducción

No deberíamos preocuparnos por vivir más,
sino por vivir mejor. No deberíamos aspirar a tener
más tiempo, sino otra clase de tiempo.

Cuenta la leyenda que en el principio de los tiempos los demonios se reunieron y acordaron quitarles algo a los hombres. Pero ¿el qué? Dieron vueltas y más vueltas al asunto, hasta que uno propuso:

—Quitémosles la felicidad.

A todos les pareció muy bien, pero el problema era dónde esconderla para que no pudieran encontrarla.

—Escondámosla en la montaña más alta que haya —dijo uno.

—No es buena idea; los humanos son fuertes. Alguien podría subir y encontrarla —replicó otro.

—Pues en el fondo del mar —propuso otra voz.

—No, los humanos son curiosos; algún día construirán un aparato para bajar a las profundidades marinas y la encontrarán.

—¡Escondámosla en otro planeta! —exclamó otro.

Pero le recordaron que los humanos son inteligentes y que en el futuro fabricarían una nave con la que podrían viajar a los confines del universo y hallar la felicidad.

Al fondo de la sala, un diablo que había permanecido en silencio durante todo el debate alzó la voz:

—La esconderemos dentro de ellos mismos. Estarán tan ocupados buscándola fuera que nunca la encontrarán.

Así es. Lo que necesitas para ser feliz lo tienes en ti. No, no es dinero ni fama ni poder. No es algo externo. Lo que necesitas para ser feliz lo llevas contigo. Es ese latido intermitente que emite tu corazón, la vida que albergas, el tiempo del que dispones.

En este libro voy a mostrarte el verdadero valor del tiempo y a revelarte la enseñanza más estimable que puede recibirse en esta vida:

> Dependiendo de cómo uses tu tiempo,
> dependiendo de qué cosas «compres» con él,
> serás feliz o infeliz.

Esta no es, te lo advierto de antemano, una lectura para pasar el rato. Lo que tienes delante es la carta de navegación de la singladura más fabulosa que un ser humano puede realizar, el mapa del mayor tesoro que jamás ha existido y existirá: la felicidad.

Para encontrar ese tesoro tendrás que poner de tu parte y asimilar una serie de ideas que seguramente trastocarán tu modo de pensar y que, cuando menos, te resultarán chocantes. De hecho, es muy posible que esta lectura te cambie la vida, o, lo que es casi lo mismo, que transforme tu manera de ver la vida. Eso espero y con esa intención lo he escrito. Te pido, eso sí, querido lector, que avances paso a paso, enseñanza tras enseñanza; permite que los mensajes que vas a recibir se acomoden en tu mente y que las emociones que esos mensajes despertarán en ti se asienten en tu corazón.

Verás que he dividido el libro en dos partes claramente diferenciadas.

La primera, «En busca de la felicidad», engloba la teoría, las ideas, toda una filosofía vital focalizada en el tiempo como eje central de la existencia. Esta parte se estructura a su vez en dos capítulos: «Otra clase de tiempo» y «El tiempo vale más que el oro». En ellos aprenderás que no hay nada más valioso que el tiempo y, lo que es más importante, que hay un tiempo bueno, que alumbra tu vida y conduce a la felicidad, y un tiempo malo, que empaña tu vida y te aparta de la felicidad. El tiempo bueno es el que dedicas a las cosas que son como tú, que están hechas de lo que tú estás hecho, que te devuelven transformado en felicidad cuanto inviertes en ellas. El malo es el que dedicas a las cosas que no son como tú, que no están hechas de tu misma «pasta», que no te devuelven nada de cuanto inviertes en ellas.

La segunda parte del libro, «Consejos para aprovechar el tiempo», es la del cómo, la de la práctica. En ella aprenderás a gestionar tu tiempo, a sacarle partido, a administrar esa fortuna que posees para que te dé los mayores réditos posibles.

Espero que tu idea acerca del tiempo haya cambiado cuando llegues a ese punto y que te decidas a usar las fórmulas que te planteo. Por supuesto, todo pasa por que entiendas que, de todas aquellas gestiones que te exige tu existencia, la del tiempo es sagrada, primordial, innegociable.

El reto que me he propuesto en este libro es enseñarte a cuidar de tu tiempo, a no malgastarlo, a reciclarlo. No es fácil, pero está en tu mano y te aseguro que la recompensa no tiene comparación.

¿Quieres ser feliz? Coge todo ese tiempo vacío que dedicas a cosas que no tienen nada que ver contigo y empléalo en aquellas que sean como tú y te devuelvan lo que pones en ellas.

Así es como se logra la verdadera felicidad.

PRIMERA PARTE

En busca de la felicidad

1

Otra clase de tiempo

Las cosas que «compras» con tu tiempo
determinan el color de tu vida.

¿Poco o mucho?

Vivimos en un mundo de ricos y pobres. El dinero, la moneda de cambio por excelencia, está repartido «de aquella manera»: mientras unos tienen mucho, otros no tienen nada o casi nada. Sin embargo, esta desigualdad no es aplicable a la moneda de cambio con la que venimos al mundo: el tiempo.

Si un hombre pudiera quitarle a otro su tiempo para disfrutarlo él, no tengo ninguna duda de que la desigualdad que se da en torno al dinero se daría también en torno al tiempo. Pero, por fortuna, el tiempo que cada uno de nosotros tiene es intransferible. Otra cosa es que la desigualdad económica, con todo lo que conlleva, suponga, a la hora de la verdad, que el reparto del tiempo no sea exactamente igualitario y que algunos hombres, por vivir mejor que otros, vivan más, es decir, tengan más tiempo que otros. Aun así, y hecha esta salvedad, todos disponemos de la misma cantidad de tiempo.

La cuestión es si es poco o mucho. Y aunque la respuesta dependerá de para qué lo queramos, dado que, en general, todos deseamos vivir el máximo tiempo posible, ya sea poco o mucho, a nosotros siempre nos parece poco. Los días no nos dan de sí, y esa relación tensa que mantenemos con el tiempo nos genera una sensación de apremio continuo que nos lleva a hacer más cosas de las que nos permite el reloj, de tal manera que al final solo conseguimos vivir en una pelea permanente con el tiempo.

El problema es de índole presupuestaria: disponemos solo de veinticuatro horas al día para «comprar» cosas y, cuantas más cosas queramos «comprar», menos dinero-tiempo tendremos para cada una y más difícil será que el presupuesto nos alcance para todas.

Seguro que conoces esta historia:

En una conferencia sobre gestión del tiempo, el orador sacó un jarro de vidrio de debajo del atril y lo puso encima. Luego sacó una docena de piedras grandes y empezó a meterlas en el jarro. Cuando el jarro estuvo lleno, preguntó al auditorio:

—¿Está lleno este jarro?

—¡Sí! —exclamaron todos los asistentes.

Entonces sacó de debajo del atril un cubo con piedras pequeñas. Echó unas pocas en el jarro y lo agitó para que se acomodaran entre las grandes.

—¿Está lleno ahora? —preguntó.

El unánime «sí» anterior se convirtió en un «sí» más discreto.

Entonces sacó de debajo del atril un cubo con arena y la volcó en el jarro. La arena rellenó los espacios entre las piedras.

—¿Y ahora? ¿Está lleno?

Finalmente sacó un recipiente con agua y llenó el jarro hasta el borde. Y al acabar dijo:

—¿Qué enseñanza extraemos de esto?

—Que por lleno que esté tu horario, siempre podrás incluir más cosas —dijo alguien.

—¡No! La enseñanza es que si no metes las piedras grandes primero, después ya no podrás meterlas.

No hay duda de que es preciso meter primero las piedras grandes, pero ¿quién ha dicho que hay que llenar la jarra? ¿Quién ha dicho que se trata de meter en la jarra otras cosas?

Las cosas no son cosas

Las relaciones que entablamos con las cosas a las que dedicamos nuestro tiempo se parecen mucho a las relaciones que establecemos con los demás: igual que nos sentimos queridos o no por aquellos con los que nos relacionamos, también podemos sentirnos queridos o no por las cosas que hacemos.

Dime, ¿pasas el rato con gente que te odia? ¿Dedicas tiempo a personas que no sienten por ti un mínimo aprecio? Imagino que no, o al menos lo intentas. Entonces ¿por qué inviertes tiempo en cosas que no te quieren y que ni siquiera te aprecian?

En otras palabras: a ti las cosas te gustan o te disgustan, pero tú también gustas o disgustas a las cosas.

Cuando te pones a hacer algo y disfrutas, cuando sientes que estás a gusto cocinando o pintando o corriendo, es porque esas cosas están a gusto contigo. Si el lienzo quiere que pintes sobre él, te lo dice. Si la vitrocerámica quiere que cocines en ella, te lo dice. Y si la carretera quiere que la pises, te lo dice. Y te lo dicen transmitiéndote una sensación de bienestar.

Aquello que haces está vivo y se comunica contigo haciendo que te sientas bien o mal. Así que observa cómo te sientes y sabrás si gustas o no a las cosas que haces.

Recuerda, pues, que igual que te planteas pasar el tiempo con las personas que te quieren y no con las que te odian, así debes actuar con las cosas.

Tienes que dedicar el tiempo a aquellas que son como tú, a aquellas con las que sintonizas, las que te devuelven lo que tú les das a ellas. Ese es el camino hacia la verdadera felicidad.

Siempre hay tiempo

Hace diez años, mi vida sufrió un vuelco radical. Eso que se llamó «la crisis financiera», que no fue más que el fruto de la especulación sin control por parte de quienes manejan la economía, me dejó en la más absoluta ruina y, de repente, pasé de tener una vida muy cómoda a convivir con las estrecheces y los acreedores.

Y que conste que no se debió a una mala gestión por mi parte; podría haber esquivado la crisis si a cierto banco no le hubiera dado por ponerme contra las cuerdas de la noche a la mañana. Sea como fuere, de pronto me vi con cuarenta años, casado, con un hijo, sin un céntimo, cubierto de deudas y obligado a empezar de cero en mitad de una época de recesión.

Un amigo me prestó la casa que tenía en un pueblecito de montaña de cuyo nombre siempre querré acordarme y allí me fui para lamerme las heridas y reflexionar. En ese momento, recién encajado el golpe, sentía sobre todo la necesidad de entender lo que había pasado y eso me llevó a hacer balance de mi vida.

Al echar la vista atrás, me di cuenta de que había llevado a cabo un montón de cosas con éxito —había sido un estudiante aplicado, había destacado en varios deportes, había ganado dinero de cien maneras distintas, me había casado con una mujer maravillosa, tenía un hijo adorable...—, pero casi todas se habían esfumado. Mi mujer y mi hijo, afortunadamente, seguían conmigo, pero de todo lo que había hecho antes —todos mis proyectos, todo mi esfuerzo, todo mi trabajo, todo cuanto había invertido en mí durante años y años— no quedaba nada.

No me importaba el dinero perdido (perder lo que se puede volver a ganar no es lamentable). Era el tiempo que había perdido lo que me reconcomía las entrañas y lo que desde el primer instante sentí que había sido mi verdadera quiebra.

Tenía la sensación de que había dejado escapar la vida, y me recriminaba las decisiones que había tomado en el pasado: «Si hubiera hecho eso...», «Si hubiera hecho aquello...», me decía una y otra vez. Sobre todo pensaba en mi hijo. «¿Qué futuro voy a darle a mi hijo ahora?», me preguntaba. Confieso que lo veía todo oscuro, pero me resistía a asumir lo que parecía una evidencia: lo había perdido todo, no me quedaba nada.

Hasta que una noche, en plena madrugada, comprendí que estaba equivocado y que aún tenía lo más importante: TIEMPO.

Me dije: «¿Qué más da que tengas cuarenta años? Esa no es tu edad. Tienes los años que te quedan por delante, no los que ya has dejado atrás. Y no te quedan por delante diez, ni veinte, ni cuarenta. ¡Te quedan mil años! Y si los aprovechas bien, ¡tu vida habrá sido maravillosa!».

De repente lo vi claro. Por eso todo lo que había hecho antes había desaparecido: porque me había pasado la vida volcado en cosas que se habían quedado con mi esfuerzo, con mis ganas, con mi dedicación, con el compromiso que había puesto en ellas... sin darme nada a cambio.

Comprendí que haber empleado el tiempo en cosas que no eran como yo había sido un gran error y que esa era la razón por la que no me quedaba nada del pasado.

Me había tirado varios años opositando sin desearlo de verdad. Me había asociado con personas que no eran como yo para hacer negocios que no eran como yo. Por eso se había volatilizado mi pasado. Y por eso también mi mujer y mi hijo seguían a mi lado: porque eran «cosas» hechas para mí, «cosas» en las que mis valores, mi espíritu, mi esencia estaban presentes, «cosas» que me devolvían cuanto yo ponía en ellas.

Fue como si se me hubiera revelado el secreto más valioso del mundo: comprendí que cuando aquello que hacemos perdura, se mantiene a nuestro lado, es porque es como nosotros, y que si desaparece, si se pierde, si se queda por el camino, es porque no tiene nada que ver con nosotros.

Ese día, el día en que entendí el verdadero valor del tiempo, lo comprendí todo y me prometí a mí mismo que en lo sucesivo usaría mi tiempo solo para hacer cosas que fueran como yo, para hacer cosas que me devolvieran lo que yo pondría en ellas.

Amor a la vida

Tengo cincuenta años, pero mi auténtica vida empezó hace diez, en concreto el día en que comprendí el extraordinario valor del tiempo, el día en que me di cuenta de que, pese a que ya no era joven, tenía miles y miles de horas en mis bolsillos, y de que, si las usaba bien, encontraría la felicidad.

¡Estoy vivo de milagro!

No, no es que haya sobrevivido a un accidente aéreo o superado un cáncer irreversible. Me da la impresión de que estoy vivo de milagro porque tener tiempo es un milagro, porque la vida es un milagro. Y no es que antes no le diera valor a la vida, sino que ahora la valoro por lo que vale. La vida me concede tiempo y me lo concede para que lo aproveche, para que lo emplee en llevar a cabo cosas que sean como yo, cosas que me devuelvan lo que invierto en ellas. Ese es el milagro, y por eso adoro cada segundo de cada minuto de cada hora de cada día que vivo. Y por eso, cada vez que hago algo, incluso si no me sale como me gustaría, me considero el hombre más afortunado del universo.

No oigo más que quejas de unos y otros. Y yo

pregunto: «¿Crees que la vida es algo que se te debe? ¿Crees que puedes lamentarte de la vida como si te hubieran vendido un móvil estropeado?».

Cuando veo a la gente rabiar y entristecerse por cualquier cosa, me siento como un extraterrestre, como si supiera algo que los demás ignoran, como si tuviera un poder que los demás no poseen.

¡Qué razón tenía Darwin cuando dijo que quien se permite malgastar una hora de su tiempo no ha descubierto el valor de la vida!

Tu tiempo es parte de ti

El tiempo es el único patrimonio que poseemos. ¿Y qué hacemos con él? ¿Aprovecharlo? ¿Ponerlo de nuestra parte? Nada de eso. En vez de usarlo bien, lo malgastamos. En vez de llevarnos bien con él, nos pasamos la vida enemistados.

Fíjate en ti.

Quieres vivir más, quieres tener más tiempo. La vida te parece un suspiro y suspiras —valga la redundancia— por tener días de cuarenta y ocho horas y horas de ciento veinte minutos. Y, angustiado por esa ansia, te vas consumiendo, siempre a remolque del tiempo, siempre en guerra con quien deberías ir de la mano.

El tiempo es como el viento: puedes ponerte a su favor y dejar que te empuje o intentar avanzar contra él sin apenas moverte. Ese es tu auténtico reto: aprender a gestionar bien el tiempo.

El problema es que jamás serás capaz de gestionarlo bien mientras no seas consciente de que el tiempo es todo cuanto posees, de que las horas que pasan no vuelven, de que tu vida no es más que lo que haces con tu tiempo.

Estamos hechos de tiempo, como dijo Borges. Tu tiempo es parte de ti. Es como tus huesos o tu hígado. Así que, si luchas contra él, estás luchando contra ti mismo.

No puedes gestionar el tiempo si no sabes lo que es

Para gestionar bien el tiempo es imprescindible conocer su auténtico valor.

En general todo el mundo tiende a creer que el tiempo es importante. Sin embargo, si tan relevante nos parece, ¿por qué lo empleamos en aquello que en el fondo no queremos hacer? A la hora de la verdad, ¿por qué disponemos del tiempo como si careciera de valor?

Está claro que no nos han enseñado a usar el tiempo de manera adecuada, pero nosotros tampoco nos hemos tomado demasiadas molestias en aprender. Insisto en que la raíz del problema es que no le damos al tiempo el valor que tiene. Y este es el primer escollo que debemos salvar para gestionar bien nuestro tiempo.

Responde con sinceridad a esta pregunta: si supieras que te queda un mes de vida, ¿harías lo mismo que hiciste el mes pasado?

Casi seguro que responderás que no, que intentarías aprovechar ese mes de vida al máximo.

Ahora bien, ¿qué tiene el último mes de tu vida que no tenga este mes?

Te lo diré de otra forma: si dedicarías el último

mes de tu vida a hacer todo lo que te ha quedado por hacer, ¿a qué diablos estás dedicando tu tiempo?

> Si no dedicas cada día de tu vida a lo que harías el último día de tu vida, significa que estás gestionando mal tu tiempo.

La mejor prueba de que sabes lo que es el tiempo, de que le das el valor que merece, sería que mañana hicieras lo que harías si solo te quedara un día de vida.

Tu muy mejor amigo

«La vida son dos días», decimos. Por supuesto, se trata solo de una expresión, pues está claro que la vida de una persona, en condiciones normales, dura más de dos días. Sin embargo, solemos pensar y afirmar que la vida es corta. Lo suele decir, por ejemplo, un padre a su hijo, si bien lo que hay detrás de este mensaje no es tanto que la vida sea efectivamente corta, sino más bien que hay que aprovechar el tiempo del que disponemos.

Por otro lado, es fácil cumplir los sesenta y resumir todo lo vivido en una frase lapidaria como la susodicha. Si fuéramos capaces de elaborar una lista de todo aquello que hemos hecho durante esos sesenta años, nos daríamos cuenta de lo larga que es la vida en realidad. Claro que solo anotaríamos unos pocos recuerdos, unos momentos puntuales, unas imágenes contadas. Nadie es capaz de recordar lo que ha hecho en sesenta años precisamente porque es una cantidad ingente de tiempo.

Una cosa es que no sepamos aprovechar la vida y otra muy distinta que sea corta.

Seamos sinceros: la vida es muy larga. El problema es que creemos que, cuanta más gente vaya, mejor será nuestra fiesta de cumpleaños, así que invitamos a todos nuestros amigos... pero no hay tarta para todos.

El problema es que tenemos un montón de amigos, pero ningún «muy mejor amigo», como decía Forrest Gump.

En otras palabras: tenemos muchos planes, pero ningún sueño.

El teorema del soñador

Es innegable que, cuando hacemos algo que nos gusta, tenemos la sensación de que el tiempo pasa volando y, en cambio, cuando hacemos algo que nos desagrada o nos aburre, sentimos que el tiempo pasa despacio.

Por otro lado, la física nos ha enseñado que el espacio y la velocidad están en relación directa, es decir, que cuanto más deprisa vamos, mayor distancia recorremos (Espacio = Velocidad × Tiempo).

Pues bien, sobre esas dos premisas descansa el teorema del soñador:

PREMISA 1

CUANDO HACES ALGO QUE TE GUSTA,
EL TIEMPO PASA MÁS DEPRISA.

PREMISA 2

CUANTO MÁS RÁPIDO VAS,
MÁS DISTANCIA RECORRES.

CONCLUSIÓN

LLEGARÁS MÁS LEJOS
HACIENDO LO QUE TE GUSTA.

«I have a dream»

Como sabes, Martin Luther King desarrolló una labor crucial en Estados Unidos en defensa de los derechos civiles de los afroestadounidenses, además de participar en numerosas protestas contra la guerra de Vietnam y la pobreza en general. Su activismo pacífico, inspirado en Gandhi, culminó en la histórica marcha sobre Washington de 1963, que congregó a 250.000 personas. Allí, al pie del Lincoln Memorial, pronunció el más conmovedor de sus discursos, resumido en su famosa frase: *«I have a dream»* (tengo un sueño).

Martin Luther King fue asesinado en 1968, y aunque murió joven —a la edad de treinta y nueve años—, le sacó más partido a su tiempo y aprovechó su corta vida muchísimo mejor que si hubiera vivido un millón de años sin ese sueño suyo.

Sin embargo, no es necesario soñar con un propósito tan elevado como el de Martin Luther King. Lo importante es soñar, tener sueños por cumplir.

No desmerezcas los pequeños sueños: también tienen el poder de alargarte la vida.

Sueña contigo

A todos nos gustaría ser Marty McFly y viajar al futuro. Pero ¿qué hacemos en realidad cuando tenemos un sueño? Pues eso: viajar al futuro.

Soñar nos lleva al futuro y es mucho mejor hacer ese viaje «montados» en nuestros sueños que en un Delorean tuneado. ¿Por qué? Porque cuando tenemos un sueño no solo viajamos en él al futuro, sino que decidimos cómo será ese futuro.

¡Así que sueña! Pero no con Messi ni con Taylor Swift.

¡La foto que tienes que colgar en la pared de tu cuarto es la tuya!

¡Sueña contigo!

Sueña con la persona que serás mañana o dentro de un mes o, mejor aún, dentro de diez años. Y cuando te veas a ti mismo en el futuro, prepárate para entonces desde ese instante, empieza ya mismo a tomar medidas para que, cuando llegue ese momento, sea mañana, dentro de un mes o de diez años, se haga realidad la visión que tuviste de ti mismo.

La metamorfosis: de sueño a realidad

No es fácil saber qué queremos y, menos aún, tener un sueño, sentirnos atraídos sin remedio por una visión, por una meta, por un destino.

Sin embargo, nos resulta todavía más difícil atrevernos a perseguir nuestros sueños, ir a por ellos cuando los encontramos. Es probable que nos entre el vértigo, que nos vengan a la mente ideas del tipo «No lo voy a conseguir», «Quién soy yo para aspirar a eso»...

Las personas que hacen realidad sus sueños no son mejores que las que no alcanzan los suyos. Solo son más valientes. Pero hay una diferencia abismal entre ser audaz y tener miedo, entre vivir persiguiendo un sueño y vivir perseguido por la idea del sueño que se quedó atrás.

Si tenemos un sueño, nuestro deber es perseguirlo. De nada nos sirve soñar con convertirnos en un empresario de éxito o con acabar con el hambre en el mundo si no nos ponemos manos a la obra y nos empeñamos a fondo.

Hay que convertir los sueños en realidad. O por lo menos hay que intentarlo. Puede que nos parezca más seguro trabajar como funcionario que como golfista, pero si nos gusta el golf, si se nos da bien y si perseveramos, llegaremos lo bastante lejos como para que perseguir ese sueño haya merecido la pena.

Si renunciamos a perseguir nuestros sueños, esa renuncia nos pasará factura durante toda la vida y, el último día, el día que nos demos cuenta de que nuestro tiempo se ha acabado, sentiremos una gran amargura, y nos iremos al otro barrio sabiendo que, en el fondo, por buena que haya sido nuestra vida, no hicimos sino desperdiciarla.

Para soñar no hay límite de edad

Con la edad no solo se nos arruga la piel del rostro, sino que nuestra visión de la vida va cambiando de manera paulatina.

A los quince años disfrutamos de las cosas tal cual nos llegan y vemos el futuro como algo lejano, como si no existiera. En cambio, con setenta, si bien tampoco somos capaces de ver nuestro futuro, no es porque nos quede muy lejos, sino porque tenemos la sensación de que hemos vivido mucho más de lo que nos queda por vivir.

Pero no debería ser así. Si pensamos que estamos llegando al final, ¿qué motivo hay para volvernos temerosos? ¿Qué sentido tiene ese miedo repentino a perder algo —la vida— si ya no tenemos nada que perder?

Deberíamos conducirnos con cautela durante nuestra juventud, cuando tenemos toda la vida por delante y corremos el riesgo de perderlo todo. Sin embargo, vamos a contracorriente: cuando somos jóvenes actuamos como deberíamos actuar en nuestra vejez, y al llegar a la vejez nos comportamos como deberíamos haberlo hecho en nuestra juventud.

A lo mejor a los setenta no nos sentimos jóvenes

ni capaces de hacer ciertas cosas, pero si pensamos que nos queda poco, deberíamos amar la vida con intensidad y hacer con ella todo lo que se nos antoje.

En cualquier caso, mientras tu corazón palpite, lo mejor que puedes hacer es no preocuparte por la edad que tengas, sino pensar que vas a vivir eternamente y decirte una y otra vez: «Estoy vivo, tengo tiempo y voy a usarlo bien, voy a ser feliz... Estoy vivo, tengo tiempo y voy a usarlo bien, voy a ser feliz».

Por el talento se sabe dónde está el sueño

Cuando era pequeño sacaba sobresalientes en todo menos en dibujo, que aprobaba a duras penas. Pues bien, ¿a que no sabes de qué asignatura empecé a recibir clases particulares? Exacto, de dibujo. ¿Me sirvió para algo? Sí, para dibujar un poco mejor —lo cual no era difícil—, pero desde luego no para que el dibujo me gustara y mucho menos para convertirme en un buen dibujante.

Hubiera sido mucho mejor que mis padres me apuntaran a clases de literatura, que era mi asignatura favorita, pero supongo que pensaron que, como se me daba bien, para qué hacer nada. Por supuesto, ni se les pasó por la cabeza que la literatura pudiera ser mi camino.

No es el caso, pero si a mi hijo no le gustaran las matemáticas y sacara un aprobado «raspado», lo último que haría es apuntarlo a clases particulares de matemáticas. Lo que fomento en mi hijo es lo que le gusta y, sobre todo, lo que se le da bien. Aquello que nos gusta, y en especial lo que se nos da bien, son las dos grandes pistas que debemos seguir para encontrar nuestro camino, ya que el talento es la brújula que señala el norte. De hecho, habría que enseñar a los niños solo dos cosas: a identificar su talento y a reconocer el talento de los demás.

En este sentido, me gustaría exponer un experimento que realizó un psicólogo norteamericano llamado Solomon Asch en 1951.

En teoría, el objetivo de Asch era realizar una prueba de visión en un instituto, de modo que escogió a ocho alumnos —siete de los cuales estaban compinchados con él— y les mostró dos cartas: una donde había dibujada una única línea vertical (la línea de referencia) y otra donde había tres líneas de diferentes alturas, una de ellas idéntica a la de referencia. Asch preguntó entonces cuál de las tres líneas verticales medía igual que la línea de referencia, y el alumno que hacía de cobaya del experimento debía contestar en último lugar, tras conocer la respuesta de sus compañeros.

La respuesta era tan obvia que no había lugar para el error, pero los estudiantes compinchados con Asch contestaban incorrectamente.

El ejercicio se repitió 18 veces por cada uno de los 123 participantes. El resultado fue que solo un 25 por ciento mantuvo su criterio; el resto se dejó influir al menos en una ocasión por la visión de los demás. Tanto es así que los alumnos cobayas dieron una respuesta incorrecta más de la tercera parte de las veces para no ir contra la mayoría. Una vez acabado el experimento, reconocieron que habían distinguido sin problemas la línea correcta, pero que habían cambiado su respuesta por miedo a equivocarse, al ridículo o a ser el elemento discordante del grupo.

La conclusión que se extrae del experimento es impresionante: no somos libres para decidir nuestro camino en la vida. La sociedad influye en nosotros más de lo que creemos y muchas veces adoptamos comportamientos para evitar destacar o nos boicoteamos para no salir del camino por el que transita la mayoría. A este tipo de trastorno se lo conoce como «síndrome de Solomon».

¿Y por qué actuamos así? Porque, por desgracia, vivimos en una sociedad en la que se tiende a condenar el talento y el éxito ajenos.

De todas formas, si se persiste, el talento siempre termina abriéndose paso y los recelos y la inquina poco pueden contra él. Por eso es la pista perfecta para decidir el camino a seguir.

Lo importante es que descubramos ese talento

cuanto antes, que, más pronto que tarde, encontremos nuestro sitio en el gigantesco puzle que es la vida, sobre todo porque encajar en él no es algo que se pueda conseguir de un día para otro.

> No pierdas el tiempo intentando hacer bien lo que haces mal. Inviértelo en hacer mejor lo que haces bien.

En otra dimensión

Siempre me ha costado someterme a la dictadura del reloj. No obstante, soy consciente de que vivir en sociedad «tiene estas cosas». De hecho, si bien utilizo mi tiempo privado a discreción, ajeno por completo al ritmo que marquen las manecillas del reloj, el que comparto con los demás lo controlo como si fuera un cronómetro. Y uno suizo, además.

Dispongo de mi tiempo privado como si estuviera de veraneo permanente: no tengo hora para acostarme ni para comer ni para nada que solo me incumba a mí. Pero que no os confunda este desorden. En realidad, el aparente caos que rige el tiempo que no comparto con nadie no es sino la herramienta, el medio necesario para conseguir lo que quiero: aprovechar al máximo mi tiempo. Por el contrario, en la medida en que deje que sea el reloj, una convención horaria, el que me diga cuándo debo hacer o dejar de hacer algo, mi objetivo se alejará.

Es preferible que el tiempo lo marquen los acontecimientos, que el bar cierre cuando ya no acudan más clientes y no a una hora concreta, como pasaba en aquel chiringuito de playa mallorquín al que solía ir de joven por las noches.

Cuanto más tiempo vivas conforme a tu propio reloj, cuanto menos condicione tu vida el reloj que compartes con los demás, más cerca estarás de la felicidad.

Y eso es justo lo que pasa cuando te entregas a una pasión que lo llena todo: que al tiempo se lo traga la tierra. Los días, las horas, los minutos, no están hechos para quienes, en pos de sus sueños, se olvidan de todo lo demás y se transportan a otra dimensión. Los que lo han experimentado lo saben: no hay placer comparable a estar absorto en algo que te entusiasma hasta el punto de perder la noción del tiempo.

La madre de todos los sueños

Estamos permanentemente al habla con el mundo, conversando con él en todo momento. Nosotros le mandamos un mensaje y el mundo nos contesta con otro. Si se siente agradecido por lo que hacemos, si le gusta nuestro mensaje, el mundo nos sonríe y esa sonrisa es la que nos trae la felicidad.

Todos buscamos la felicidad. La felicidad es la madre de todos los sueños. Pues bien, lo que quiero que entiendas es que ese gran sueño está detrás de otro más pequeño, detrás del sueño particular de cada cual, detrás de esa meta que deseamos conseguir y en la que ponemos todo nuestro empeño.

Nada satisface más que alcanzar una meta. Ver el fruto de nuestro esfuerzo, de nuestras ganas, de nuestra dedicación, ver cómo el mundo nos lo devuelve transformado en una sonrisa. Esa y no otra es la auténtica felicidad.

Por eso lo mejor que podemos hacer con el tiempo es dedicarlo a perseguir nuestros sueños. Ese es el buen tiempo por antonomasia.

2

El tiempo vale más que el oro

El tiempo es la única moneda con la que
podemos comprarlo todo.

Cuanto más barato, mejor

¿A quién no le gusta encontrar chollos, pagar poco por algo valioso y, mejor aún, si es gratis? Pues bien, déjame decirte que los caballos regalados no tienen dientes, es decir, que deberías desconfiar de lo que es gratis.

Dicho esto, la pregunta es: ¿por qué no aplicas al

tiempo el mismo criterio que al dinero? ¿Por qué no intentas siempre pagar menos tiempo por las cosas que haces?

Pagar lo mínimo por lo que «compras» con tiempo tiene mucho más sentido que pagar lo mínimo por lo que compras con dinero. ¿Por qué? Porque la calidad de lo que se compra con dinero suele ser proporcional a su precio (lo bueno suele ser caro y lo barato suele ser malo), pero eso no ocurre con lo que se compra con tiempo.

Tardar mucho en hacer algo no garantiza un resultado de mayor calidad. Por ejemplo, no por dedicar quince horas diarias a trabajar vamos a hacer un mejor trabajo. De hecho, es al revés: a partir de ciertas horas, todo el tiempo que dediquemos será tiempo perdido.

Ir de compras

¿Te gustaría que tu vecino te dijera a qué hora debes levantarte o que la persona que va sentada a tu lado en el metro te dijera en qué estación has de bajarte? Pues eso es lo que pasa cada vez que permites que los demás manejen tu tiempo.

Tienes que ver el tiempo como una moneda que cambias por aquello que haces, como un dinero invisible con el que cada día te vas de compras. Y para gastarlo bien, para hacer una buena compra, debes tener presentes cinco consejos:

1) Decide qué vas a comprar. Decide en qué vas a invertir tu tiempo.
2) No compres lo que no quieres. No seas un comprador compulsivo con tu tiempo. No lo emplees en lo que no deseas hacer.
3) Pon precio a las cosas. Decide el tiempo que vas a invertir en cada una.
4) No inviertas tu tiempo a cambio de cualquier cosa. Cuando pagas por algo, esperas que ese intercambio sea, cuando menos, justo. Lo mismo pasa cuando compartes tu tiempo con otras

personas o lo dedicas a una actividad. Ahí también se produce un intercambio y debes procurar que sea justo, que la contraprestación que recibes sea tan valiosa como lo es tu tiempo.

5) No pagues ni un minuto más. ¿Verdad que un comercio cierra a una hora concreta? Pues así debes proceder tú: echando el cierre cuando llegue la hora.

Comprar a plazos

Imagina que al despertarte por las mañanas recibes cincuenta euros. El lunes, el martes, el miércoles... cincuenta euros cada día de tu vida. Ahora bien, para cobrar esa paga te ponen dos condiciones:

1) Si no gastas esos cincuenta euros a lo largo del día, deberás devolverlos cuando el día termine (al día siguiente recibirás otros cincuenta).
2) Puedes gastar tu paga diaria en lo que quieras, pero hay varias cosas que debes comprar sí o sí, es decir, tienes comprometida una parte de los cincuenta euros.

Pues bien, eso es exactamente lo que sucede con el tiempo.

Nos dan cincuenta euros cada día, 1.500 euros al mes, 18.250 euros al año. Se mire como se mire, se trata de una fortuna y lo mejor de todo es que tenemos garantizada nuestra asignación.

¿Y sabes qué supone eso? ¿Sabes qué implica tener una asignación diaria garantizada? Implica la posibilidad de financiar aquello que compremos, es decir, la posibilidad de comprar a plazos.

La parte negativa de comprar a plazos es que, en contrapartida a no tener que pagar de golpe lo que adquirimos, el vendedor nos cobra un interés, o sea, que a la larga lo que compramos sale más caro que si lo pagáramos al contado. Sin embargo, cuando la moneda de cambio para comprar a plazos es el tiempo en vez del dinero, no se pagan intereses.

Y lo más maravilloso es que, con nuestros cincuenta euros diarios, podemos comprar a plazos algo de valor incalculable: el sueño de nuestra vida.

Los sueños no se pueden adquirir pagando al contado, sino que están hechos para que los compremos a plazos. No hay otro modo de obtenerlos. Se venden por partes y por partes se alcanzan, pagándolos poco a poco, acercándose a ellos paso a paso.

No puedes sacar la billetera y pretender llevarte tu sueño a casa al momento. Los sueños se consiguen con tiempo. Por eso es tan importante que sepas qué quieres y que vayas a por ello cuanto antes.

La lógica del nuevo rico

A diferencia de lo que pasa con el dinero (nos duele pagar mucho incluso por algo valioso), cuando se trata de tiempo no nos duele gastar mucho en cosas que no consideramos valiosas; un comportamiento que resulta especialmente paradójico si consideramos que el precio en términos de tiempo lo fijamos nosotros.

Es lo que yo llamo «la lógica del nuevo rico»: cuando podemos decidir libremente el precio de algo es cuando más dispuestos estamos a pagar.

¿Diversificar? No, gracias

Los expertos en inversiones dicen que es bueno diversificar, es decir, no poner todos los huevos en la misma cesta, ya que se corre el riesgo de que se rompan todos, o lo que es lo mismo, que la inversión no prospere. Así pues, conviene apostar por distintas opciones de inversión, porque, si falla una, las restantes no resultarán afectadas. Sin embargo, esta estrategia no es válida para el tiempo. Con el tiempo no es bueno diversificar.

Si bien el riesgo que se corre cuando se trata de una inversión de tiempo es el mismo que con una inversión de dinero —que la apuesta salga mal y perdamos lo invertido—, las inversiones de tiempo son justo eso, inversiones de tiempo. Dicho de otro modo: requieren que les dediquemos tiempo, por lo que, en la medida en que lo hagamos o no, las posibilidades de que nos salgan bien aumentarán o disminuirán. Por eso es preciso concentrar el tiempo en una sola inversión, al revés de lo que se aconseja en las inversiones de dinero.

Tener interés por todo lleva a no conseguir nada. El único y verdadero reto que tenemos en esta vida no es otro que ser capaces de centrar nuestra atención y nuestros esfuerzos en un solo objetivo.

Sin embargo, la tentación vive arriba y es difícil no caer en ella: se nos ofrece la posibilidad de hacer un sinfín de cosas, saber un poco de todo, experimentar constantemente... La vida está llena de caminos, de oportunidades, de tesoros por descubrir, y aquí estoy yo diciéndote que elijas, que, entre todas esas coloridas y olorosas flores del jardín, escojas solo una.

«El que mucho abarca, poco aprieta», dice el refrán. Y así es. Lo de «apretar» podemos incluso interpretarlo al pie de la letra porque en esta vida hay que apretar los dientes, apretarse los machos o apretarse el cinturón, según toque.

La vida no es un camino de rosas y para conseguir algo, por pequeño que sea, hemos de abrirnos paso entre la muchedumbre, entre montones de personas que quieren lo mismo que nosotros. Así que debemos ser capaces de concentrar nuestras fuerzas en un punto.

Se atribuye a Julio César la famosa frase «Divide y vencerás», que nos da a entender que, si el enemigo se encuentra dividido en vez de unido, será más fácil derrotarlo. Pues bien, eso es lo que hacemos cuando dividimos nuestras fuerzas: volvernos más débiles, más vulnerables.

¿Entiendes ahora por qué es fundamental elegir un solo camino, concentrar todas nuestras fuerzas en un único objetivo?

Además, debemos tener muy presente otro dato: tanto desde un punto de vista social como, sobre todo, profesional, hacer muchas cosas se considera una señal de dispersión, de desorientación, de que no se sabe lo que se quiere.

El tiempo no puede ahorrarse

Unas páginas atrás te decía que el tiempo es similar a una «paga», en el sentido de que cada día de nuestra vida nos dan cincuenta euros, que devolveremos al final del día si no los hemos gastado.

En efecto, el contador de tiempo se pone a cero cada día, y de ahí extraemos una conclusión muy útil para nuestro propósito de sacarle partido al tiempo:

> El tiempo no se puede meter en una hucha,
> el tiempo no puede ahorrarse.

El tiempo es una moneda especial que está hecha para que la gastes, para que la cambies por algo. Por lo tanto, si no es posible guardarlo en una hucha, solo puedes hacer una cosa con él: invertirlo. Invertirlo bien, se entiende.

Si una buena inversión monetaria nos hace ganar dinero, una buena inversión de tiempo nos hará ganar tiempo.

La pregunta es: ¿cómo se gana tiempo?

Imagínate el tiempo como si fuera un tren en marcha y hazte esta pregunta: ¿cómo se coge un tren en marcha?

La única posibilidad pasa por verlo venir y anticiparse a su llegada. Pues bien, así se gana el tiempo: yendo por delante de él, es decir, haciendo de inmediato lo que tenemos previsto hacer después, haciendo hoy lo que tenemos previsto hacer mañana, empezando a hacer hoy lo que tenemos previsto hacer dentro de un mes o, mejor aún, de un año.

El coste de oportunidad

Tomar un camino equivocado es lo más normal del mundo, pero, si fuéramos conscientes de lo que perdemos a causa de esa equivocación, seguro que nos pensaríamos mucho más las cosas antes de llevarlas a cabo.

Aunque debería ser al contrario, porque el dinero es recuperable, pero las pérdidas de tiempo son irreversibles; perder tiempo nos duele muchísimo menos que perder dinero.

Dicho esto, cuando nos equivocamos de camino tenemos que contabilizar una pérdida añadida al tiempo perdido: lo que podríamos haber hecho de no haber hecho lo que hicimos.

A la hora de tomar una decisión solemos considerar varias opciones y al final elegimos una. Pues bien, el valor de la mejor alternativa descartada es lo que en economía se llama «coste de oportunidad» de la opción elegida. El coste de oportunidad, que, como digo, es un concepto propio de las inversiones económicas, no solo es aplicable al tiempo, sino que en mi opinión se adapta incluso mejor a la gestión del tiempo que a la del dinero.

Todo lo que hacemos se traduce en tiempo, de modo que cualquier cosa que emprendemos tiene un coste de oportunidad en tiempo en cuanto a que la decisión de llevarla a cabo supone el descarte de las demás opciones. Elegir siempre implica renunciar a algo.

Cuando tomamos una decisión estamos invirtiendo, apostamos por un caballo entre varios y corremos un riesgo. Como en toda inversión, debemos minimizar el riesgo, y es ahí, en este objetivo, donde se enmarca la valoración del coste de oportunidad de la elección que hacemos.

El objetivo, por supuesto, es elegir la alternativa que represente un menor coste de oportunidad. Por ejemplo, hemos terminado la carrera y nos planteamos estudiar unas oposiciones para las que hay que invertir una media de cuatro años. Pues bien, salvo que aprobar esas oposiciones sea nuestro sueño, para valorar si esa decisión es buena tenemos que elaborar una lista de cosas que podemos hacer en esos cuatro años y calcular el coste de oportunidad de esa inversión de tiempo que nos estamos planteando. ¿Cuánto vale lo que podemos hacer en los cuatro años que vamos a estar estudiando y a lo que vamos a renunciar si queremos presentarnos a dichas oposiciones?

Nunca gestionaremos bien el tiempo, nunca le sacaremos partido, si no tenemos en cuenta el coste de oportunidad de nuestras decisiones.

Solo valoramos las cosas cuando las perdemos

¿Darías todo lo que posees por tener diez años menos?

Y al revés, ¿aceptarías tener diez años más a cambio de un millón de euros?

A la primera pregunta yo respondería que sí sin dudar, y a la segunda, también sin dudar, que no. Claro que si ese millón me lo ofrecieran con veinte años sería otra historia: de pronto pasaría a tener treinta años, pero en mi cuenta corriente habría una cantidad de siete cifras...

El tiempo todo lo relativiza, incluso el propio tiempo de cada uno. No se le da la misma importancia al tiempo cuando se tienen veinte años que cuando se tienen cincuenta. Sin embargo, una hora es una hora y un año es un año, y si para una persona mayor un año es una fortuna porque entiende que le queda poco tiempo, para un joven un año también debería ser una fortuna, e incluso con más motivo.

¿Por qué? Porque si bien es cierto que nadie tiene garantizado que va a llegar a cierta edad, un joven debe ser consciente de que está en la etapa clave de su vida. Quien desprecia el tiempo jamás le sacará provecho, y desaprovechar la juventud por no darse cuenta del valor del tiempo es, sin duda alguna, el mayor error que puede cometer un ser humano.

El hombre solo reconoce el valor de las cosas cuando las pierde, y esta gran verdad también es aplicable al tiempo: no nos damos cuenta de lo que vale hasta que nos quedamos sin él.

SEGUNDA PARTE

Consejos para aprovechar el tiempo

El método Corti

No he conocido a nadie cuyo tiempo se estuviera acabando que deseara una moneda más en lugar de otro día.

Cuando estudiaba la carrera de Derecho, cogía los libros que teníamos que empollar y cada día, encerrado por las tardes en mi cuarto, me dedicaba a resumirlos hasta dejarlos reducidos a su mínima expresión. Libros de trescientas páginas convertidos, uno por uno, en apuntes de treinta folios en los que no faltaba nada que fuera trascendente y no había nada que fuera intrascendente.

Era increíble cómo me evadía del mundo cuando

me enfrascaba en mi tarea, y mucho más increíble era aún la sensación de poder que me invadía al final, cuando terminaba de resumir uno de esos mamotretos y lo comparaba con la minúscula montañita de folios en los que se había convertido.

Por supuesto, escribir todos esos resúmenes requería una gran inversión de tiempo, pero era una inversión muy rentable. En realidad, estaba ganando tiempo porque, mientras simplificaba esos libros, los estaba estudiando, estaba familiarizándome con lo que tenía que aprender, y cuando llegaban los exámenes, prepararlos me llevaba mucho menos tiempo de lo normal.

Sin embargo, esos apuntes no solo me facilitaban el estudio a mí: a cualquiera le resultaba mucho más fácil estudiar con ellos porque, al no haber «paja», al contener solo lo esencial, todo se entendía mejor y los conceptos quedaban mucho más claros. Supongo que por eso me los pedía todo el mundo.

El caso es que los apuntes en cuestión no solo me granjearon una excelente reputación entre mis compañeros de facultad, sino que, precisamente por «culpa» de dichos apuntes, alguien me puso un día el apodo de «Corti», y con Corti me quedé muchos años, hasta tal punto que, treinta años después, todavía hay gente que me llama así. La verdad es que para alguien apellidado «Cortines», a quien además le fascinaba la brevedad, era un apodo bastante apropiado.

Ser eficiente, conseguir un objetivo usando la menor cantidad posible de recursos, depende de que seamos capaces de distinguir lo principal de lo secundario. El problema es que si lo hacemos mal, si prescindimos de algo importante o conservamos algo inútil, todo se irá al traste.

Por un lado corremos el riesgo de desvirtuar las cosas. Es lo que sucede cuando, llevados por el deseo de economizar medios, descartamos algo relevante. Se trata de reducir los medios que pretendemos utilizar, pero sin alterar la esencia de lo que tenemos entre manos.

Por otro lado, si no descartamos todo lo superfluo no habremos minimizado al máximo los recursos y no habremos logrado, por tanto, ser eficientes.

Pero ¿cómo se distingue lo principal de lo secundario?

Distinguir lo principal de lo secundario pasa por saber sopesar la influencia de los medios de que disponemos para la consecución del fin que perseguimos, de tal modo que si eliminar determinado medio no pone en peligro la consecución del objetivo entonces significa que se trata de un medio secundario y procede eliminarlo.

Los 5 principios del método Corti

1. El 99 por ciento de las cosas podemos hacerlas en menos tiempo

Casi todas las cosas se pueden hacer —hacer bien, se entiende— en menos tiempo del que se les suele dedicar y está claro que, si hablamos de aprovechar el tiempo, nuestro primer objetivo ha de ser este: emplear la menor cantidad de tiempo en hacer bien lo que sea que hagamos.

Seguro que sabes lo que es una matrioska, esas muñecas rusas de madera que a medida que las abres descubres que contienen otra en su interior y que, cuando crees que ya no hay ninguna más, aún encuentras una más pequeña.

Pues bien, así tienes que proceder para emplear el menor tiempo posible en aquello que hagas: revisa el modo en que vienes haciéndolo y simplifícalo una y otra vez hasta que no puedas simplificarlo más, o sea, hasta llegar a la última y más pequeña de todas las muñecas.

Empezarás por una muñeca muy grande (una conducta sin pulir), que poco a poco irás simplificando hasta dar con una minúscula que no podrás abrir (una tarea irreductible). Después solo te quedará repetir esa inmejorable manera de hacer las cosas una y otra vez hasta convertirla en una rutina, en un proceso mecánico.

Debes aspirar a desarrollar comportamientos rutinarios: cuanto menos tengas que pensar cómo hacer algo, mejor y más rápido lo harás.

Ahora bien, no confundas lo que te acabo de decir con la idea de que es bueno no pensar lo que vamos a hacer.

Emplear tiempo en pensar, en analizar aquello que nos proponemos hacer o que estamos valorando, es un aspecto fundamental en la gestión del tiempo. Dicho de otro modo, para una buena gestión del tiempo es imprescindible entender las cosas a las que vamos a dedicar nuestro tiempo, y el tiempo que invirtamos en reflexionar, si lo hacemos de manera adecuada, lo recuperaremos más adelante multiplicado por mil.

2. No importa lo que has hecho, sino lo que puedes hacer

Aprende bien esto:

El tiempo que tienes está siempre por venir.

Confía en el futuro. El futuro es el único tiempo con el que puedes contar. Piensa siempre que te quedan por delante mil años. Y, aunque llegará el día en que descubrirás que no es así, te aseguro que ese descubrimiento no te dolerá ni la mitad de lo que te dolería no haber vivido pensando que eras eterno.

3. Las prisas son buenas

Una cosa es apresurarse y otra no saber lo que se hace. Cuando sabes lo que haces, cuando tienes suficiente práctica, puedes ir deprisa. Es más, quien está acostumbrado a hacer algo deprisa tiene más posibilidades de errar yendo despacio.

Los errores se cometen por falta de práctica, no por exceso de velocidad.

Pérez Galdós cuenta en los *Episodios nacionales* que un día, momentos antes de una importante reunión, el ayudante de Fernando VII, ansioso por querer vestir al rey deprisa, no acertaba con su tarea, por lo que el monarca le dijo la famosa frase de «Vísteme despacio que tengo prisa».

Sin embargo, una cosa es apresurarse y otra muy distinta no saber lo que se hace.

Toma nota de esto:

> Hacer las cosas deprisa es deseable.
> Hay que aprender a hacer las cosas deprisa.
>
> Hay que empezar haciendo las cosas despacio
> y terminar haciéndolas deprisa.
>
> No tiene sentido hacer las cosas despacio
> cuando se saben hacer deprisa.

Dicho esto, opino que deberíamos cambiar la famosa frase de «Vísteme despacio que tengo prisa» por esta otra: «Vísteme despacio si no sabes hacerlo deprisa... y luego aprende a hacerlo deprisa».

4. Cuanto más valores el tiempo, más tiempo tendrás

Para un millonario trescientos euros es una cantidad insignificante, pero para alguien que gana el salario mínimo es todo un capital. Ahora bien, una cosa es que trescientos euros no sea una cifra considerable para un millonario y otra muy diferente es que no valore el dinero.

Créeme si te digo que los millonarios lo son porque conocen bien el valor del dinero. Y eso debes hacer tú con el tiempo, tengas el que tengas: valorarlo siempre... no solo cuando te quedes sin él.

A lo mejor es por eso por lo que casi siempre la gente que no me conoce y no sabe la edad que tengo se dirige a mí como «ese chico».

5. Cuanto mejor sea tu tiempo, más tiempo tendrás

Si quieres vivir más, tienes que vivir mejor. Si quieres tener más tiempo, solo tienes que emplearlo en las cosas que te devuelven lo que tú pones en ellas.

El buen tiempo paga con tiempo.

¡El buen tiempo es el elixir de la eterna juventud!

Conócete a ti mismo

Un hombre, con independencia de la edad que tenga, es un proyecto de vida.

¿Y qué lleva aparejado todo proyecto que se precie?

Un plan de negocio, sin la menor duda.

Para posicionarnos, para ocupar un lugar en el puzle gigantesco que es la vida, tenemos que encontrar el hueco cuya forma y tamaño coincidan exactamente con nuestra forma y tamaño. Y esa forma y ese tamaño coinciden con nuestro DAFO, es decir, nuestras debilidades, amenazas, fortalezas y oportunidades. El DAFO es, pues, parte esencial de nuestro *business plan* personal y debemos desarrollarlo lo antes posible.

Nuestro DAFO condiciona por completo el camino que debemos tomar. Si se nos da bien tratar con la gente, nos interesará elegir un camino en el que tengamos que tratar con la gente. Y si somos creativos escogeremos un camino en el que la creatividad sea como mínimo un plus. Pero no solo nuestras fortalezas nos ayudan a tomar decisiones, también nuestras debilidades. Por ejemplo, si nos da miedo volar, no parece lógico que nos preparemos para ser pilotos, por muy bien que nos queden los uniformes de las aerolíneas.

Para tomar buenas decisiones es esencial que sepamos cuál es nuestro DAFO y, por ende, nuestro plan de vida, aunque debemos tener la precaución de dejarnos aconsejar por personas que nos conozcan a fondo.

Un buen asesor podría ser un padre o una madre, ya que, a partir de los diez o doce años, un niño ya ha mostrado sus virtudes y carencias, por lo que sus padres serán capaces de elaborar una lista con las amenazas a las que su hijo se enfrentará en el futuro y otra con los sitios donde podrá encontrar las mejores oportunidades.

Asimismo, y de igual manera que los planes de negocio, de cuando en cuando también debemos revisar nuestro plan de vida. En especial durante los primeros años de nuestra juventud estamos en un continuo proceso de cambio y nuestras fortalezas y debilidades es más que probable que cambien también. Por ello, si queremos tomar buenas decisiones, debemos prestar atención a esos cambios y poner al día nuestro DAFO y nuestro *business plan* cada equis tiempo.

Explora el camino antes de andarlo

¿Sabes qué quieres? ¿Sí? Genial. Ya tienes hecha la mitad de la tarea. No obstante, antes de ir a por ello, a por lo que sea que quieras lograr, es preciso que te cerciores de que conoces el camino para llegar y de que ese camino «va» contigo, o sea, que está a tu alcance, que encaja con tus debilidades y tus fortalezas.

En España, si alguien, por ejemplo, quiere ser otorrinolaringólogo, el camino que tiene que seguir está bien señalizado: primero la carrera de Medicina, luego el MIR y luego la especialidad.

Bien, ya sabemos cuál es el camino que lleva a nuestro destino. La pregunta ahora es: ¿estamos listos para transitarlo?

Puesto que no hemos recorrido antes ese camino, es imposible que lo conozcamos al detalle, más bien solo tenemos referencias, una idea general que nos dice que vamos a tener que estudiar mucho y durante muchos años. ¿Seremos capaces de llegar hasta el final? Nuestra valoración dependerá sobre todo del tamaño de nuestra motivación.

Pero el camino que conduce a donde uno quiere, con frecuencia resulta difícil, no ya de recorrer, sino de identificar. Si quiero ser médico sé por dónde tengo que ir —otra cosa es que llegue al final o no—. Pero si quiero ser cantante, ¿qué camino cojo?

Es fundamental saber lo que queremos, saber cómo conseguiremos obtenerlo y calibrar bien si el camino que hay que recorrer para llegar a la meta que nos hemos propuesto está a nuestro alcance. Puede que el destino nos seduzca, pero si el camino por el que se llega hasta él no está hecho para nosotros, la empresa no saldrá bien.

Claro está que la mejor manera de saberlo con seguridad es echar a andar y ver qué pasa. Entre otras cosas porque nunca vamos a conocer algo del todo sin experimentarlo por nosotros mismos. Por otra parte, una vez nos hayamos metido por un camino, si vemos que no es para nosotros, basta con que demos media vuelta.

Si no es tu camino, da la vuelta

A la hora de encontrar nuestro camino, para no perder el tiempo en cosas que no llevan a ningún lado hay que tener presente una premisa esencial: no se debe andar mucho tiempo por un camino equivocado.

Al recorrer un camino debemos avanzar con los ojos y los oídos bien abiertos para darnos cuenta lo antes posible, si es el caso, de que nos hemos metido por donde no debíamos y, con la misma presteza, dar marcha atrás tan pronto como sea posible.

Si, por ejemplo, empezamos a estudiar una carrera y durante el primer curso nos llegan señales de que tal vez no sea la carrera adecuada para nosotros, no digo que debamos abandonarla de inmediato, pero sí que es preciso tomar nota y estar alerta en adelante para ver si nuestro temor se confirma o si solo ha sido una falsa alarma. Y si las señales se reproducen al año siguiente y empezamos a sentir con certeza que vamos por el camino equivocado, entonces es mejor que demos la vuelta. Más vale dejar una carrera cuando cursamos el segundo año que continuar durante seis o siete para conseguir un mero título que colgar en la pared.

No nos gusta reconocer nuestros errores y por eso no es fácil admitir, llegado el caso, que hemos elegido un camino equivocado. Nos preocupa, como siempre, el qué dirán. ¿Cómo vamos a dejar una carrera a medias? ¿Cómo vamos a dejar a los dos meses un trabajo que nos ha costado Dios y ayuda conseguir?

El problema es que el tiempo que tardemos en reconocer ese error es tiempo malgastado. Así que más nos vale pensar en nosotros y no en los demás a la hora de tomar decisiones tan capitales.

Improvisar

Aprovechar el tiempo implica darle el mejor uso posible, hacer con él lo más adecuado en cada momento. Y al igual que debemos andar lo mínimo por un camino equivocado, también hemos de ser capaces de improvisar en nuestro día a día y variar la ruta establecida.

A todos nos pasa alguna vez: hay días en que podemos con todo y días en los que todo se nos hace una montaña. Está claro que no somos robots y que no funcionamos todos los días de la misma manera. Por eso, para aprovechar el tiempo en el corto plazo, debemos dar prioridad a ese objetivo frente a cualquier otra cosa.

Si una noche estamos inspirados escribiendo esa novela en la que llevamos trabajando seis meses, y, llegado cierto momento, teníamos pensado hacer otra cosa, debemos saltarnos el guion y seguir escribiendo hasta la madrugada o hasta que la inspiración quiera. De lo contrario estaríamos desaprovechando el tiempo. Del mismo modo, esas noches en las que nos pasamos horas y horas sin escribir una sola página haríamos mejor en dedicarlas a otra cosa.

En el largo plazo debemos abandonar el camino escogido si más adelante descubrimos que no es para nosotros, y en el corto plazo, en el día a día, ocurre lo mismo: debemos ser capaces de improvisar, de alterar sobre la marcha nuestros planes en aras de aprovechar el tiempo.

Mirando al futuro

¿Sabes conducir? Seguro que sí. Pero no sé si sabes que uno de los mejores consejos que se puede dar a un conductor novato es que mire a lo lejos, unos cien metros por delante del coche. De esta manera verá todo con más tiempo y será capaz de reaccionar antes.

> Hay que vivir igual que se conduce: mirando lo que tenemos delante, mirando al futuro.

Del futuro sabemos, a ciencia cierta, que viene hacia nosotros. Siempre avisa. El futuro será todo lo que queramos que sea, menos un traidor. Sin embargo, aun sabiendo que viene hacia nosotros, una y otra vez nos pilla desprevenidos, sin un sueño que perseguir.

No trae sin cuidado lo que haremos dentro de un año y mucho menos dónde estaremos dentro de diez. Nos preocupa lo que vamos a hacer hoy, a lo sumo mañana. Hasta ahí llega nuestra visión del futuro.

Pero si hasta Dios necesitó siete días para crear su mundo, ¿cómo vamos a crear el nuestro en un día? Es como si no quisiéramos labrarnos un futuro, como si prefiriésemos tomar un camino cualquiera, el que menos esfuerzo nos exija. Queremos adelgazar a base de comilonas. Queremos lo imposible y por eso no lo tenemos.

Si no miramos a lo lejos como hacen los buenos conductores, si no nos preocupamos por el futuro, no tendremos futuro.

Las lamentaciones

Además del tiempo perdido y del coste de las alternativas que descartamos cuando nos decantamos por un camino —el coste de oportunidad—, existe un perjuicio más derivado de tomar una decisión equivocada: el tiempo que perdemos lamentándonos.

Tras sufrir un fracaso —tanto más cuanto mayor sea— es difícil reaccionar rápido. De pronto te encuentras con que eso en lo que tenías puestas tus esperanzas, eso en lo que habías invertido tu tiempo, se ha venido abajo y necesitas un período de asimilación antes de dar con otra salida que te conduzca al camino acertado.

En tu mano está minimizar esas fugas de tiempo, y la manera de conseguirlo es contando con que los planes a veces salen mal, poniéndote en el peor escenario, previendo que el camino que eliges puede frustrarse. No te servirá para encontrar el buen camino rápidamente, pero se trata de que no pierdas el tiempo acordándote de lo que pudo ser y no fue.

Citius

Citius, altius, fortius (más rápido, más alto, más fuerte). Seguro que te suena: es el lema olímpico.

Hablemos de la rapidez: cuanto antes nos da la información que le pedimos, más deseamos un móvil; cuanto más veloz es un coche, más nos atrae; nadie quiere que en un restaurante tarden en servirle... La lentitud no vende, vende la rapidez.

Cada vez que un empresario me pide ayuda para que su negocio se desarrolle con más celeridad —en las empresas, el tiempo es dinero—, lo primero que le digo es que dé pasos más largos.

No tiene sentido dar dos pasos para llegar a un sitio al que podemos llegar dando uno.

Un ejemplo: si podemos atender a un cliente nosotros mismos en vez de derivar el asunto a otra persona, hagámoslo. Emplearemos el mismo tiempo en derivarlo que en ocuparnos directamente de él, y además nos ahorraremos la forzosa conversación que se establecerá entre nosotros y el destinatario del asunto:

Te paso esto

OK

¿Hiciste lo que te pasé?

Aún no

Avísame cuando lo hagas

OK

Ya lo hice

OK

En las empresas se dan demasiadas conversaciones y por ahí se pierden cantidades ingentes de tiempo.

La tortuga y el guepardo

Cada uno vive de manera distinta «la duración de las cosas sujetas a mudanza», como define el tiempo la Real Academia Española.

Si llevas una hora en la sala de espera del dentista con un fuerte dolor de muelas y te preguntan cuánto tiempo hace que esperas, a buen seguro responderás que una eternidad.

En cambio, si tu pasión son las manualidades y te pones a construir un caballo de madera, al cabo de una hora dirías que apenas han pasado unos minutos.

Cuando hacemos algo que nos aburre, nos da la sensación de que el tiempo pasa muy despacio. En cambio, cuando hacemos algo que nos gusta, las horas parecen minutos. En otras palabras, el tren del tiempo lleva siempre la misma velocidad, pero nosotros tenemos la sensación de que unas veces corre más que otras.

¡El tiempo no pasa para todos a la misma velocidad!

De lo que hagamos con el tiempo depende que discurra despacio o deprisa, que sea una tortuga o un guepardo.

No importa si los minutos duran exactamente lo mismo, lo que vale es la velocidad a la que se mueven las manecillas de nuestro reloj particular.

Lo que cuenta es si el camino se nos hace largo o corto: si nos resulta corto es buena señal; si nos parece largo, si durante el recorrido el tiempo pasa despacio, significa que no es nuestro camino. Así es como distinguiremos un camino acertado de uno equivocado.

Controla tus gastos

El tiempo no es tu enemigo, sino tu aliado. El tiempo es una herramienta, el recurso más importante con el que cuentas para llevar una vida mejor o peor. Y por eso es preciso que lo controles.

Los *runners* controlan la distancia que corren. La gente que está a dieta controla las calorías que ingiere. Y ¿quién no controla su dinero? Controlamos aquello que nos importa.

Si al final del día de hoy te preguntara en qué has gastado tu tiempo, seguro que recordarías sin problema las actividades más importantes. Pero si te pidiera cuentas de lo que has hecho con todos y cada uno de los minutos del día, me temo que muchos «gastos» no podrías justificarlos. Y la razón es que no llevas el control de tu tiempo.

Lo primero que debes hacer para aprovechar el tiempo es tenerlo controlado. Mira el tiempo que te has pasado al teléfono para atender esa llamada que no querías coger o el que has invertido en ir desde casa hasta el trabajo o lo que has tardado en hacer una gestión en tu banco. Repasa esa cuenta y verás cómo el tiempo se te va de las manos por no tenerlo controlado.

Pon precio a lo que haces

Los artículos que están a la venta en las tiendas tienen el precio marcado. Asimismo, muchas de las actividades que realizamos tienen también un plazo de tiempo marcado (un partido de fútbol dura noventa minutos, un vuelo de Madrid a Barcelona dura una hora...), pero en este aspecto existe una diferencia importante entre el dinero y el tiempo: la mayoría de las veces podemos poner nosotros el precio en tiempo de las cosas que hacemos.

Cuando queremos llevarle un regalo a alguien, vamos a una tienda, compramos lo que nos parece mejor y pagamos el precio que nos piden, un precio que no depende del valor que para nosotros tenga ese artículo. En cambio, el precio que pagamos en términos de tiempo por las cosas que hacemos depende del valor que tengan para nosotros; de ahí que debamos poner nosotros el precio.

A veces no será posible. Por ejemplo, si entramos a trabajar a las nueve y salimos a las cinco, no podemos llegar a las doce del mediodía o marcharnos a las tres. Pero, salvo casos así, en los que las consecuencias sean inasumibles, debemos ser siempre nosotros quienes pongamos precio a aquello que hacemos y no guiarnos por el precio de fábrica o por el que le asignan los demás.

Seguro que más de una vez has ido al cine pensando que ibas a ver una peli divertida y a la media hora te has dado cuenta no solo de que no es divertida, sino de que es un auténtico tostón. A mí me ha ocurrido varias veces y siempre he hecho lo mismo: levantarme e irme.

«Pero si ya has pagado la entrada... ¡Haberte quedado!» Este argumento cae por su propio peso: si además de los ocho euros que me ha costado la entrada, tengo que gastar una hora y media de mi tiempo en una actividad que no me interesa, estaré pagando dos veces por lo mismo. El dinero de la entrada lo doy por perdido, me quede o me vaya. Pero si me quedo, si invierto mi tiempo en algo que no quiero hacer, la pérdida será todavía mayor.

El precio, en tiempo, de las cosas que haces debe estar en consonancia con la importancia que tengan para ti.

Por tanto, no cometas el error de pagar poco por las cosas que te importan ni pagar mucho por las cosas que no te importan.

Si pagas poco por algo que te importa, significa que estás malgastando tu tiempo en algo que no te importa. Y si pagas mucho por algo que no te importa, te quedarás sin tiempo para gastarlo donde debes.

Ordena los armarios de tu tiempo

«El orden enseña a ganar tiempo», dijo Goethe. Y así es. Igual que ganas espacio poniendo en orden lo que tienes guardado en los armarios de tu casa, ganarás tiempo si pones en orden lo que haces.

Para aprender a poner en orden las cosas que haces lo mejor es que compares el tiempo con el espacio y las horas del día con los armarios de tu casa. ¿Qué es lo primero que hay que hacer? Inventario.

Con las ocupaciones a las que dedicas tu tiempo debes hacer lo mismo que te recomienda Marie Kondo respecto a tus armarios: sacar todo lo que contienen y ponerlo a la vista sobre la cama o sobre el suelo. En nuestro caso, los armarios son números —las tres, las seis, las ocho y media...—, pero no hay que sacar nada de ellos, sino solo recordar. Tampoco dejarás nada sobre una cama o en el suelo, aunque sí de un modo figurado, es decir, puedes atreverte con algo tan primitivo como coger un bolígrafo y un papel, sentarte frente a una mesa y hacer ese inventario de actividades de tu puño y letra.

Una vez hayas apuntado las ocupaciones en las que gastas tu tiempo, obsérvalas: seguro que son más de las que creías. Y sobre todo date cuenta de que tienes los armarios de tu tiempo como los de tu casa: llenos de pasatiempos viejos y de quehaceres inútiles. Bien. Lo que toca ahora es librarte de todos ellos.

Despojarte de lo que no necesitas es el ejercicio más saludable y más productivo que puedes realizar.

Todos deberíamos erradicar de nuestro guion diario aquello que hacemos sin un motivo claro, aquello que no estamos obligados a hacer y que no lleva a ninguna parte.

¿Quién no ha pasado un buen rato hablando por teléfono con alguien para contarle algo cuando resulta que han quedado dentro de media hora y podrán comentarlo en persona? A ese tipo de cosas me refiero.

Lo mismo que guardamos mil cachivaches en casa, llenamos nuestro tiempo con todo tipo de ocupaciones que se nos van presentando a lo largo del día.

¿Te imaginas a alguien que no tenga perro gastándose diez euros en comida para perros? Pues eso es lo que haces con tu tiempo cada vez que lo empleas en algo que no necesitas.

Dedicas treinta minutos diarios a ver tu Facebook cuando ni te va ni te viene lo que se publica. Le haces la cama a tu hijo cada día cuando solo tienes que decirle que se ocupe él de hacerla. Te llaman por teléfono para ofrecerte un seguro y, en vez de colgarles, pierdes el tiempo en escuchar a tu interlocutor para acabar diciéndole que no te interesa, solo porque te parece mal colgarle sin más —no tan mal, supongo, como que alguien que no debería tener tus datos te llame a la hora de comer para ganarse una comisión por venderte algo que es muy probable que él o ella no compraría.

¿Por qué no te libras de los múltiples «cinco minutos» que cada día dedicas a cosas que no te interesan? Te sorprendería saber la cantidad de tiempo del que dispondrías de pronto si reunieras todos los cinco minutos que has gastado sin ton ni son en el último año.

Por último, una vez que hayas renovado el «vestidor» de tu tiempo, habrá llegado el momento de que te comprometas a una cosa: no hacer nada sin tener un buen motivo para ello.

Las malas costumbres

Las malas costumbres, eso que hacemos sin pensar en si nos conviene o no, son el gran agujero por donde se nos escapa el tiempo miserablemente.

Usar el móvil es hoy la más flagrante de todas esas malas costumbres. Lo tenemos ahí, en el bolsillo, y pagamos tarifas planas que nos permiten hablar muchos minutos. De hecho, la publicidad de las empresas telefónicas se basa en ofertas de este tipo: «Con tal compañía tienes más minutos al mes». Y si no estamos hablando, estamos «whatsappeando» o en las redes sociales. El caso es que utilizamos el móvil muchísimo tiempo cada día, casi el doble del que creemos.

Así lo ha demostrado un equipo de psicólogos encabezado por el doctor David Ellis, que encuestó a 23 voluntarios de entre dieciocho y treinta y tres años. Ellis les pidió que calcularan el tiempo que pasaban a diario usando el teléfono y a continuación les instalaron una aplicación que recogía las interacciones con el móvil. El experimento dio un resultado de cinco horas de uso medio del móvil al día, con unas 85 interacciones.

La cuestión es si necesitamos usar el móvil y, si no es así, si nos quita tiempo para llevar a cabo aquello que necesitamos hacer. Ahí está el problema.

Nos parece lógico quedar previamente con alguien para hablar en persona con él —y lo es—, pero cuando lo que queremos es hablar por el móvil, simplemente llamamos y damos por hecho que hablaremos inmediatamente con nuestro interlocutor.

Yo, como si de reuniones se tratara, siempre programo las llamadas de trabajo a una hora concreta.

Planifica

Jim Rohn, autor y empresario estadounidense, dice que no se debe empezar un día, una semana o un mes sin planificarlos. Y no es el único experto que pone en valor la planificación.

> Planificar repercute en una mejor gestión del tiempo.

La pregunta es si, una vez que hayamos planificado el día, la semana o el mes, debemos seguir esa planificación a pies juntillas.

La respuesta es sí, pero con una excepción: los imprevistos.

Los imprevistos son lo más previsible del mundo. Desconocemos la forma que adoptarán, pero aparecerán seguro, y hay que dejar margen de tiempo suficiente para gestionarlos cuando lleguen, porque como no sabemos en qué van a consistir, tampoco podemos prever cuánto tiempo llevará gestionarlos. Ahí reside gran parte de la excelencia en la gestión del tiempo: en adivinar cuánta gente se va a colar en la fiesta.

Planificar exige pensar, y pensando, recuérdalo bien, se gana tiempo.

Ya lo dijo Publio Siro: «El tiempo de la reflexión es una economía de tiempo».

La vida es luego

Los pensamientos del tipo «la vida es ahora» nos llevan a desearlo todo con carácter inmediato y esta actitud conduce a la infelicidad. ¿Quieres tener hijos? Fantástico. Pero date un tiempo. ¿Quieres divertirte, viajar, ver mundo? Muy bien. Pero no solo se viaja con veinte años; para eso siempre hay tiempo.

Si no crees en el futuro, que es lo único que tienes, es imposible que seas capaz de aprovechar el tiempo.

No hagas zapping

Un consejo muy útil para cuando tenemos mucho trabajo es compartimentarlo por tareas y no pasar a otra tarea hasta que se haya terminado la anterior.

Haz todas las llamadas que tengas que hacer. Luego olvídate del teléfono el resto del día. Enciende el ordenador y contesta todos los e-mails pendientes de respuesta. Luego olvídate del ordenador. ¿Tienes tres reuniones previstas para hoy? Prográmalas seguidas y luego olvídate de las reuniones hasta mañana.

Tiempo al tiempo

Una buena gestión del tiempo pasa por admitir que cada cosa tiene su propio tiempo. Nada se materializa de la noche a la mañana. Incluso sin cometer errores, incluso sin sufrir fracasos —algo impensable—, lo que perseguimos no está a la vuelta de la esquina.

Tan importante como ser conscientes de que hay que darle tiempo al tiempo es saber que cada objetivo que nos marcamos tiene su propio tiempo de cocción y que el hecho de que tardemos más que otros en conseguirlo no quiere decir necesariamente que no vayamos a lograrlo. No hay dos personas iguales y, por tanto, no hay dos sueños iguales, por idénticos que parezcan.

Si no le das tiempo al tiempo, no esperes alcanzar tu sueño.

Los invitados llegan cuando tocan al timbre. Las cosas surgen cuando surgen, no cuando esperamos que surjan. Es más, tal vez sea porque no sabemos a qué velocidad viajan los deseos, pero el caso es que las cosas suelen llegar cuando menos las esperamos, muchas veces incluso cuando ya hemos perdido la esperanza.

No dejes para mañana...

La manera más generalizada de desaprovechar el tiempo consiste en realizar tareas irrelevantes mientras posponemos las que tienen verdadera relevancia. A eso se le llama procrastinación, lo que Napoleon Hill definió como «el mal hábito de dejar para pasado mañana lo que se debería haber hecho ayer».

Aplazar guarda relación tanto con la única ley que obedecemos de buen grado —la ley del mínimo esfuerzo— como con nuestra tendencia natural a buscar lo que nos hace sentir bien.

Hoy queremos una cosa y mañana otra. Hoy nos marcamos un objetivo y a la semana siguiente estamos haciendo lo contrario de lo necesario para conseguirlo. Nuestros deseos no son consistentes. Empezamos una dieta con gran entusiasmo y a los cuatro días vemos un trozo de tarta en la nevera y nos lo comemos —con gran sentimiento de culpa, eso sí.

Los psicólogos lo llaman «sesgo del presente», un comportamiento que consiste en dar por sentado que en el futuro vamos a querer lo mismo que ahora. Si bien eso no ocurre y terminamos cambiando de opinión.

Para nosotros la referencia es el presente, esto es, tomamos las decisiones en función de cómo vemos las cosas en el momento actual, en lugar de cómo las veremos en el futuro. Y ese es nuestro error: creer que en el futuro seremos capaces de hacer algo que hoy somos capaces de hacer, y creerlo solo por eso, porque hoy somos capaces de hacerlo. Sin embargo, es más que probable que no sea así, dado que, con el tiempo, nuestra forma de pensar cambia.

Lo bueno es que ese cambio de opinión es remediable: basta con prevenir. Por ejemplo, si decidimos ponernos a dieta, es conveniente que le digamos a nuestra pareja: «Si ves que dentro de una semana quiero comerme una tarta, impídemelo».

Así que lo difícil es tomar una decisión pensando en el futuro en vez de en el presente, pero esa es la decisión que nos permite aprovechar el tiempo y ser felices.

En realidad, se trata de conocernos bien y de querer algo con rotundidad. No valen los caprichos ni las resoluciones tomadas «en caliente». Las decisiones requieren un preludio, un período de tiempo mayor o menor para valorarlas.

El rato que dediquemos a valorar las cosas que

queremos hacer, a estudiarlas, a entenderlas, es un tiempo imprescindible para la toma de buenas decisiones, un tiempo imprescindible para que, precisamente, le saquemos partido al tiempo a mayor escala y un tiempo que siempre estará bien invertido.

Delega (lo que no sepas hacer)

Hay un sinfín de tareas delegables en tu día a día. Por ejemplo, no es necesario que lleves a tu hijo al colegio todos los días; habla con otros padres que vivan cerca de tu casa —seguro que los hay— y que lleven a su hijo al colegio al que va el tuyo y turnaos de modo que un día tú lleves a su hijo y al siguiente él lleve al tuyo.

Delegar es esencial. La cuestión es qué delegar y en quién.

Jaime Carvajal, expresidente del Banco Urquijo, en una entrevista de hace unos años a la revista *Executive Excellence* contaba la anécdota de un antiguo jefe suyo que decía: «Si tienes algo que delegar, dáselo al que esté más ocupado; el que está ocupado no quiere acumular cosas pendientes y lo hará rápidamente».

El escritor y conferenciante americano John C. Maxwell da un consejo muy interesante al respecto: «Si otra persona es capaz de hacer algo al 80 por ciento, delega».

Mi recomendación es que delegues siempre:

a) Las cosas que, aun siendo importantes para ti, no sepas hacer bien (se entiende que debes delegarlas en quien sepa hacerlas bien).
b) Las cosas que sabes hacer pero que otro puede hacer tan bien como tú.

No todo es ganar tiempo

Una buena gestión del tiempo no es solo la que te lleva a hacer algo en menos tiempo, sino la que permite que el tiempo que inviertes te resulte más satisfactorio.

Por la mañana suelo llevar a mi hijo al colegio en coche. La carretera es estrecha y acostumbra a haber bastante caos, todo el mundo llega y se marcha al mismo tiempo. Así que he optado por llevar a mi hijo diez minutos antes. De esta forma me ahorro los incómodos atascos habituales, y esos diez minutos que me adelanto, si no los gano, al menos los gestiono mejor.

Elige un trabajo que te guste (o cógele el gusto a tu trabajo)

Si tuviéramos dinero para vivir cómodamente, o si no hiciera falta tener dinero para vivir cómodamente, pocos serían los que trabajarían, y los que lo hicieran se dedicarían a algo que los apasionara.

Cuántas veces hemos oído la frase: «¡A ver si me toca la lotería y mando a mi jefe a paseo!». Claro que hay quien va más allá, como esa neoyorquina que en 2016, tras tocarle tres millones de dólares en la lotería, lo primero que hizo fue defecar en la mesa de su jefe y a continuación, mientras la arrestaban, dijo que había merecido la pena.

Como regla general, no nos gusta trabajar. Preferiríamos vivir tumbados a la bartola cobrando una pensión del Gobierno. En cualquier caso —y preguntándome hasta qué punto incide en esta opinión la repulsa que sentimos hacia el trabajo en general—, basta coger un taxi, entrar en un bar o darse una vuelta por una Administración Pública para darse cuenta de que a la mayoría de la gente no le gusta el trabajo que tiene.

Tenemos trabajos que no nos gustan y de los que

con ganas nos libraríamos, pero, aun así, pese a quejarnos con amargura todos los días, seguimos yendo a trabajar impulsados por el motivo más viejo del mundo: el dinero. Hay que pagar el alquiler, hay que llenar la nevera... Todo tiene un precio, y el dinero no cae de los árboles.

¿Es posible ganarse la vida haciendo lo que a uno le gusta? La respuesta es sí. Lo que no significa que sea fácil.

Es probable que el mayor privilegio que existe sea trabajar en lo que a uno le gusta. Ya lo dijo Confucio: «Elige un trabajo que te guste y no tendrás que trabajar ni un día de tu vida».

La gente a la que le gusta su trabajo es básicamente feliz, y la gente a la que no le gusta su trabajo es básicamente infeliz. Y la diferencia no está en la suerte, sino en el inconformismo: mientras unos no están dispuestos a conformarse con un trabajo que les desagrade, otros sí lo están.

En la trastienda de ese inconformismo se barajan muchos factores —autoconfianza, un buen consejero, saber con certeza lo que se quiere...—, pero ante todo tenemos que entender que:

1) Vivir de lo que nos gusta no es una quimera.
2) Nuestra felicidad radica en esa decisión.

Para la gran mayoría, el trabajo es más una fuente de frustración que de alegría y, cuando no lo odiamos, lo vivimos como un trámite en vez de como una actividad que nos define y nos hace sentirnos orgullosos de nosotros mismos.

La solución sería dejar ese trabajo que no nos gusta. Pero si no nos vemos capaces de tomar esa decisión por el motivo que sea, al menos deberíamos buscarle el lado bueno a ese trabajo frustrante, aprender a apreciarlo, hacer de nuestro trabajo nuestra pasión.

Estoy de acuerdo con Carl Rogers, uno de los psicólogos humanistas más relevantes del siglo pasado, cuando dice que nos mueven dos necesidades: la pertenencia al grupo y el autodesarrollo, y que un buen trabajo proporciona ambas. Sin embargo, el propio Rogers advierte —y aquí radica el meollo de la cuestión— que hace falta esforzarse.

Yo no tengo ninguna duda: el esfuerzo es el ingrediente clave de la satisfacción personal.

Si te tocan diez millones de euros en la lotería, te sentirás feliz, pero no tanto como si ese dinero lo hubieras ganado vendiendo una empresa que levantaste poco a poco y con mucho esfuerzo.

Claro que no todo va a ser trabajar y trabajar, como en las culturas asiáticas. Se trata de combinar el trabajo y el ocio. Y se trata, ante todo, de tener buenos trabajos. Si tuviéramos buenos jefes, buenos ambientes de trabajo, sueldos decentes..., nuestros trabajos serían más satisfactorios y seríamos más felices.

Lo que ocurre es que a veces las cosas no funcionan como deberían. Cuando a cambio de trabajar, de nuestro tiempo y esfuerzo, solo nos dan dinero —y poco—, cuando nos infravaloran, cuando no recibimos lo que necesitamos para sentirnos bien con nosotros mismos, no es fácil ser felices.

La mudanza

Si no trabajas en lo que te gusta ni consigues cogerle el gusto a tu trabajo, te aconsejo que prepares la mudanza, es decir, que busques otro trabajo que sí sea de tu agrado.

La cuestión es cómo hacer esa mudanza. Si conservas un trabajo que no te satisface es porque necesitas pagar el alquiler y llenar la nevera, así que no puedes dejarlo de pronto. Además, ese puesto a medida que quieres encontrar no te está esperando, por lo que vas a tener que dedicar tiempo a buscarlo.

De todos modos, aunque pudieras pasar una temporada sin trabajar, aunque pudieras permitirte dejar ese trabajo que no te hace tilín para buscar otro, no es recomendable dar ese paso.

Y no lo digo porque tengan más oportunidades de encontrar un trabajo las personas que están empleadas que las desempleadas, sino, sobre todo, porque la búsqueda de la que hablamos no es precisamente una tarea divertida, y nunca se sabe cuánto pueden tardar en encontrar ese trabajo ideal.

Hace poco pasó por mi despacho una chica con este problema. Elena, así se llama, tenía un trabajo que la horrorizaba, pero no podía dejarlo sin más porque lo necesitaba. Me contó que le apasionaba el mundo del catering y que su sueño era montar su propio negocio de comida a domicilio, pero que estaba atrapada en ese trabajo indeseable y no era feliz.

Me propuse ayudarla y le dije que empezara a organizar pequeñas fiestas de cumpleaños para los hijos de sus amigas los fines de semana. Así lo hizo y le ha ido muy bien, tanto es así que me ha contado que está organizándolo todo para dedicarse a su pasión a tiempo completo.

Dedica el menor tiempo posible a las cosas que te toca hacer por obligación

Todos estamos obligados a hacer una serie de cosas cada día: desde comer y dormir hasta ganarnos la vida, pasando por cumplir las obligaciones que nos imponen las leyes o los compromisos que asumimos por un motivo u otro.

Desde luego, si nos pudiéramos saltar algunas de esas obligaciones, es indudable que no les dedicaríamos un segundo, lo cual apunta a una de las claves para una buena gestión del tiempo: debemos dedicar el menor tiempo posible a aquello que estamos obligados a hacer.

Nuestro objetivo primordial a la hora de gestionar el tiempo es dedicar el máximo a las cosas que nos hacen felices.

Por tanto, si esta es la estrategia a seguir, es lógico que saquemos tiempo de las cosas que estamos obligados a hacer para emplearlo en las cosas que nos hacen felices, en especial, perseguir nuestros sueños.

Las cosas que nos toca hacer por obligación son los impuestos que gravan nuestro tiempo. Así pues, lo lógico es que respetemos la ley —los compromisos que asumimos—, pero paguemos lo menos posible, lo que se traduce en dedicar el menor tiempo posible a esas obligaciones impuestas.

Excusas

Vivimos en sociedad, y constantemente nos surgen compromisos —llamémoslos «menores»— que nos quitan tiempo, un tiempo que preferiríamos dedicar a cuestiones más importantes para nosotros.

La tentación de evitarlos es obvia y todo es cuestión de sopesar el daño: ¿qué pasa si me salto algo que no me apetece hacer pero a lo que de alguna manera me siento comprometido? Si la consecuencia es asumible, sáltatelo. Pero, eso sí, es fundamental que des señales de vida.

Las excusas son perfectas para «escaquearnos» de algo que no queremos hacer y no hay día en que no recurramos a una. Tan habituales son que las hemos integrado en mayor o menor medida en nuestro comportamiento. Ahora bien, hay que manejarlas con cuidado porque, si cada vez que nos proponen algo que no nos hace demasiado felices nos inventamos una excusa para eludirlo, nuestra inventiva nos acabará pasando factura.

Se pilla antes a un mentiroso que a un cojo, así que, en cualquier caso, si tu excusa para no ir a un funeral de alguien que apenas conoces es que justo a esa hora coges un avión a Londres, al menos entérate de dónde se va a celebrar el funeral y no vayas a tomarte una cerveza cerca de la iglesia en cuestión porque puede que te pillen, como le pasó a un amigo mío.

Cumplir el expediente

Como acabamos de decir, las excusas son el recurso estrella de cara a gastar el menor tiempo posible en aquellas cosas que estamos obligados a hacer. Sin embargo, además de las excusas —que tienen el inconveniente de que solo es posible utilizarlas de vez en cuando—, existe otro recurso mucho mejor: cumplir el expediente.

Cumplir el expediente significa justo eso: decir que sí a los compromisos que nos surgen y acudir con nuestra mejor disposición. Ahora bien, se trata de asistir a esos compromisos con el cronómetro en marcha, o lo que es lo mismo: con la idea de emplear el tiempo indispensable para quedar bien y punto.

«Cumplir el expediente» tal vez parece un comportamiento poco edificante, pero es más de lo que se le puede pedir a la gente en una época en la que todo el mundo anda escaso de tiempo. Es preciso que valoremos la buena intención y que seamos agradecidos con las personas a las que llamamos o con las que contamos en un momento dado y que, en vez de poner una excusa para no presentarse, acuden a la cita con la idea de cumplir el expediente. Nos están dedicando parte de su tiempo y, sea poco o mucho, debemos apreciarlo en lo que vale.

Ya lo dijo Napoleón: «Puedes pedirme cualquier cosa, excepto tiempo».

Impaciencia

Decía Henri Lacordaire, político francés de mediados del siglo XIX, que «es inaudito cuánto puede conseguirse con la ayuda del tiempo cuando se tiene paciencia para esperarlo».

La impaciencia solo conduce a cometer errores —en mi juventud lo experimenté muchas veces—, y si hay algo innegable en esta vida es que las cosas llevan su propia velocidad y que, si se las apremia, acaban estrelladas contra un poste. Nadie es tan consciente de esta gran verdad como yo lo soy ahora.

Lo curioso es que somos impacientes con los demás, pero no con nosotros mismos. A nosotros no nos metemos prisa. Cuando queremos aparcar y vemos que alguien se sube a su coche para irse, nos irritamos si tarda más de la cuenta. Sin embargo, luego nosotros nos demoramos una eternidad para sacar el tíquet de aparcamiento porque no llevamos cambio.

> Debemos tener paciencia con las situaciones en las que no podemos influir, con las situaciones que no dependen de nosotros. En cambio, tiene todo el sentido que seamos impacientes cuando la situación depende de nosotros, cuando podemos influir en ella.

Sobre todo debemos ser impacientes con nosotros mismos, forzarnos a aprovechar el tiempo, instarnos a hacer las cosas con prontitud.

Sé puntual contigo mismo

Para aprovechar el tiempo es esencial ser puntual. Pero la puntualidad no consiste solo en llegar a tiempo a las citas que concertamos con otras personas. Va mucho más allá. Hay otra puntualidad que debemos observar si queremos gestionar bien el tiempo, y es la puntualidad con nosotros mismos.

Tenemos que plantear cualquier cosa que planifiquemos como si de una cita se tratara y aprender a llegar a tiempo a esa clase de citas.

No concebimos llegar tarde a una entrevista de trabajo, pero, en cambio, no nos tomamos la puntualidad con igual seriedad cuando se trata de realizar una llamada de teléfono que nos hemos propuesto hacer a las doce. ¿Por qué? Porque, cuando no se ha quedado con nadie, no se puede quedar mal con nadie. Esa persona a la que vamos a llamar no conoce nuestra intención y menos aún que tenemos previsto llamarla a las doce, así que si la llamamos por la tarde o al día siguiente no pasará nada. Pero esas cosas son las que marcan la diferencia a la hora de gestionar el tiempo.

Lo primero es lo primero

En general, los expertos en gestión del tiempo a los que he leído destacan la importancia de priorizar.

Leo Babauta, en su libro *El poder de lo simple*, nos dice que la cuestión no es cómo hacer más cosas y más deprisa, sino cómo hacer bien lo más importante.

Algo similar sugieren quienes aconsejan aplicar la Ley de Pareto, que dice que el 80 por ciento de las consecuencias viene del 20 por ciento de las causas, es decir, que el 80 por ciento de los resultados dependen del 20 por ciento del trabajo.

De acuerdo con esta ley, debes intentar suprimir todo lo que no sea imprescindible para tu negocio y subcontratar las tareas secundarias para concentrarte en las que tienen más impacto en tu futuro.

Y yo pregunto: ¿realmente debemos dar prioridad a lo más importante?

A la hora de emplear tu tiempo, de aprovecharlo, de sacarle partido, es fundamental que tengas claras tus prioridades, pero eso no tiene nada que ver con que para ti sean más o menos importantes las cosas que haces. En otras palabras, lo que consideras importante no coincide con aquello a lo que debes dedicar tu tiempo de un modo prioritario.

Si le preguntamos a alguien qué es lo más importante en su vida, seguramente nos dirá que su familia —suponiendo que la tenga—, pero con igual seguridad me atrevo a afirmar que esa persona no dedica más horas a estar con su familia que al resto de las facetas que forman parte de su vida, en especial el trabajo.

¿Significa eso que está gestionando mal su tiempo? ¿Significa eso que no es feliz? ¿Significa eso que miente y que lo más importante para ella en realidad no es la familia, sino el trabajo? No.

Para esa persona, la familia es lo más importante, más que el trabajo, más que ganar dinero. Y lo sé porque estoy convencido de que si tuviera una fortuna no trabajaría. Al menos no por dinero. Lo que pasa es que su familia no le exige que le dedique más tiempo que al resto de las facetas de su vida; ese «honor» se lo deja al trabajo, una ocupación que, por cierto, redunda en beneficio de su familia.

Así pues, queda claro que la prioridad viene determinada por la NECESIDAD, no por el rango de importancia.

Sin embargo, la educación de tus hijos es importante para ti, y por lo tanto deberías dedicarle una buena cantidad de tiempo y encargarte tú mismo de esta tarea en vez de delegarla. Eso es lo que nos propone la Caja de Eisenhower, una técnica de gestión del tiempo basada en la urgencia y en la mayor o menor importancia que tienen para cada uno sus obligaciones, en el sentido de que debe delegar las menos importantes.

Pues bien, lo habitual es lo contrario: delegamos la educación de nuestros hijos en unos profesores y de paso aprovechamos para trabajar durante el horario de colegio. ¿Significa eso que nuestros hijos no nos importan? No. La clave para entenderlo es la llamada «conciliación» y demuestra que aquí manda la necesidad.

Lo haces por necesidad, no puedes dejar de hacerlo. Estás obligado a hacerlo. Te pongas como te pongas, esa es tu prioridad. Ahora bien, no olvides que debes gastar el menor tiempo posible en aquello que estás obligado a hacer, y si hay algo que estás obligado a hacer es aquello que necesitas. Por tanto, debes ocuparte con preferencia de las cosas que necesitas, pero dedicarles solo el tiempo que sea preciso para dejar de necesitarlas.

Recuerda:

1) Cuantas menos necesidades tengas, mejor.
2) Antepón tus necesidades a cualquier otra cosa.
3) Satisfácelas lo más rápido posible.

Todos sabemos eso de que no es más feliz quien más tiene, sino quien menos necesita. Y aunque la frase se refiere a las posesiones materiales, es tanto o más cierta si la aplicamos a lo que hacemos en vez de a lo que tenemos.

Piénsalo bien: si no necesitaras hacer nada, si pudieras dedicar tu tiempo a lo que de verdad te importa, ¿no crees que serías feliz?

El problema es que nos creamos necesidades que no lo son y, como consecuencia, empieza a faltarnos tiempo. Ganar dinero, divertirnos, el sexo, estar con la familia, salir con amigos, viajar, practicar ese hobby que tanto nos gusta..., demasiados objetivos para poder alcanzarlos todos a la vez.

Pregúntate qué necesitas de verdad y dedícale tiempo. ¿Cuánto? El que sea preciso para satisfacer esa necesidad.

Pero no confundas lo que necesitas con lo que deseas. Una vez satisfecha esa necesidad, si te sobra tiempo, repártelo entre tus deseos o gástalo todo en uno. Como quieras. Recuerda que la vida es muy larga y que, si es imposible tenerlo todo a la vez, siempre puedes dejar algo para después.

Quien lo aprovecha bien, siempre tiene tiempo. Y eso es porque lo emplea en exclusiva en llevar a cabo aquello que necesita. En cambio, cuando la gente se queja de falta de tiempo es porque lo gasta en cosas innecesarias.

Por tanto, tienes que distinguir lo necesario de lo innecesario, y si deseas hacer cosas, no cometas el error de elevarlas a la categoría de necesarias. Ve a por ellas si dispones de tiempo, pero nunca a costa de desatender aquello que necesitas hacer.

Cualquier tiempo pasado fue peor

«Agua pasada no mueve molino», dice el refrán. Y deberíamos tatuarnos esa verdad en el pecho para que no se nos olvidara. Pensar en el pasado es lo más contraproducente para aprovechar el futuro. Sin embargo, al cabo del día, ¿cuántas veces nos acordamos del pasado?

Calcula la cantidad de tiempo que has dedicado a pensar en el pasado a lo largo del último año. Y ahora multiplícala por cuarenta..., por cincuenta..., por los años que tengas. ¡Por ahí se nos va el tiempo!

El pasado hay que asumirlo, pero jamás darle vueltas de un modo obsesivo. Nuestros pensamientos deben estar donde nos van a dar dividendos o donde por obligación les toque estar, pero nunca en hechos del pasado.

El tiempo que empleemos en mirar atrás es tiempo que no dedicaremos a mirar hacia delante, tiempo que desaprovecharemos sin remedio, tiempo que le estaremos quitando a la consecución de nuestros sueños.

Epílogo

Hay dos modos de vivir: yendo a remolque
del tiempo o teniéndolo de nuestra parte.
El primero no conduce a ningún sitio. El segundo
lleva directamente a la felicidad.

Existe un tiempo liberador y un tiempo esclavizador, un tiempo que alumbra la vida y un tiempo que la empaña, un tiempo generoso y un tiempo miserable, un tiempo bueno y un tiempo malo.

El buen tiempo es el que dedicas a las cosas que son como tú, a las cosas que comparten tu misma naturaleza, a las cosas en las que te ves reflejado.

Por el contrario, el mal tiempo es el que dedicas a

las cosas que no son como tú, a las cosas que no están hechas de tu misma esencia, a las cosas en las que no te reconoces.

El buen tiempo es el que pasas haciendo cosas que te devuelven lo que inviertes en ellas. El buen tiempo es un tiempo justo, un tiempo que, a cambio de tu esfuerzo, de tus ganas, de tu pasión, de lo que pongas en aquello que hagas, te devuelve la mercancía más preciada que puedes comprar con el tiempo: la felicidad.

En cambio, el mal tiempo es un tiempo ruin que se queda con tus ganas, con tu esfuerzo, con tu pasión... Un tiempo del que no obtendrás nada salvo el sórdido vacío de la infelicidad.

Esa es la encrucijada en la que te hallas. Esa es la gran decisión que debes tomar: si asociarte con el buen tiempo y ser feliz o asociarte con el tiempo malo y pasarte la vida buscando la felicidad allí donde no está.

Tu tiempo es tu vida. Dale el valor que tiene. No lo gastes de cualquier manera. No «compres» con él lo primero que veas. Cuídalo. Cámbialo solo por aquellas cosas que te den lo que tú pones en ellas, por las cosas que te motiven, por las que te apasionen, por las que despierten tu talento.

Sobre todo cámbialo por tus sueños, sean pequeños o grandes. Porque no hay tiempo mejor invertido que el que dedicamos todos los días a perseguir nuestros sueños.